Guía para especificar e implementar software basado en componentes con la tecnología EJB

Omar S. Gómez

Omar S. Gómez
ISBN-13: 978-1519321329
ISBN-10: 1519321325
Código de registro safe creative: 1511155784749
Licencia: CC Attribution-NonCommercial-NoDerivatives 4.0
Riobamba, Ecuador, diciembre 2015

Tabla de Contenido

Prefacio

En esta obra se presenta una guía la cual pretende facilitar la especificación e implementación de componentes software utilizando la tecnología EJB (Enterprise Java-Beans). Esta guía puede servir como recurso didáctico complementario en cursos de pregrado o posgrado que aborden la temática del desarrollo de software basado en componentes. Para el profesional quien inicia en el desarrollo y mantenimiento de productos software bajo el enfoque basado en componentes, esta guía orienta al profesional en la especificación e implementación de componentes software siguiendo un enfoque disciplinado.

Omar S. Gómez

Capítulo 1. Introducción

En la actualidad el software apoya prácticamente a todos los sectores de la sociedad moderna, esta gran demanda del software ha ocasionado que el desarrollo y mantenimiento de éste sea una actividad compleja. Día a día profesionales informáticos trabajan en el desarrollo o mantenimiento de productos software que involucran cientos de miles (incluso millones) de líneas de código fuente.

Ante la creciente complejidad en el desarrollo y mantenimiento de productos software, donde esta complejidad implica un incremento en costos, baja productividad y dificultad para gestionar la calidad del software, un paradigma empleado para paliar esta situación es el desarrollo de software basado en componentes.

Este paradigma surge de la idea de desarrollar y mantener software a partir del ensamblaje de componentes reutilizables que pueden ser implementados en una misma, o distintas tecnologías. Este paradigma se ajusta al principio de "divide y vencerás" para lidiar con la complejidad. En este sentido un problema difícil de abordar es dividido en partes pequeñas manejables, donde estas partes se van uniendo y escalando hasta obtener una solución satisfactoria.

Tres tecnologías conocidas que apoyan el desarrollo basado en componentes que de alguna manera han servido como estándar de facto son: CORBA, COM, DCOM, JavaBeans y Enterprise JavaBeans. No obstante, otra tecnología que en la actualidad es vista como parte de este paradigma son los servicios web. A continuación se describe brevemente cada una de estas tecnologías.

CORBA. Acrónimo de Common Object Request Broker Architecture, fue creado a inicios de la década de 1990 por el consorcio OMG (Object Management Group). Éste surgió como un estándar abierto para promover la interoperatividad de aplicaciones software. Esta tecnología permite que diversos componentes software desarrollados en distintos lenguajes de programación colaboren entre sí. Estos componentes pueden residir en distintas plataformas hardware así como distintos sistemas operativos. En la actualidad esta tecnología soporta diversos lenguajes de programación como: C, C++, Lisp, Ruby, Java, Python, entre otros.

COM y DCOM. Acrónimo de Component Object Model (COM) y de Distributed Component Object Model (DCOM), es una tecnología propietaria de Microsoft desarrollada también en la década de 1990. Ésta es dependiente de la plataforma Windows, no obstante los componentes pueden ser implementados en diferentes lenguajes de programación. De manera general en esta tecnología de define cómo un conjunto de componentes y sus clientes interactúan entre sí. Una extensión de esta tecnología es DCOM donde se define un protocolo de comunicación entre componentes que residen en distintos computadores. La comunicación entre los componentes distribuidos se realiza a través de llamadas a procedimientos remotos. Por un tiempo, esta tecnología fue la principal competidora de CORBA, no obstante en la actualidad ha sido sustituida por el marco de trabajo Microsoft .NET.

JavaBeans y Enterprise JavaBeans. Es una tecnología inicialmente desarrollada por Sun Microsystems a finales de la década de 1990 y ahora adoptada por Oracle. Los JavaBeans son un modelo de componentes usado para el desarrollo de aplicaciones Java (usualmente aplicaciones de escritorio). De manera general en este modelo se encapsulan varios objetos en uno solo con la finalidad de contar con un único punto de acceso. Una variante de este modelo son los Enterprise JavaBeans o EJBs que son componentes que residen del lado del servidor y que encapsulan la lógica del negocio de una aplicación determinada. Estos componentes pueden comunicarse con otros componentes que pueden residir en diferentes servidores. La tecnología Enterprise JavaBeans soporta comunicación remota a través de CORBA, gestión de transacciones, control de concurrencia, gestión de eventos, servicios de nombres y de directorio, seguridad, entre otras características.

Servicios Web. Los servicios web son vistos como una evolución de los componentes software, ésta es una tecnología que emplea diferentes protocolos y estándares para intercambiar información entre aplicaciones. Los servicios web surgen a finales de la década de 1990, en donde principalmente se usan las tecnologías: XML (eXtensible Markup Language), SOAP (Simple Object Access Protocol), WSDL (Web Services Description Language) y UDDI (Universal Description, Discovery and Integration). La popularidad de esta tecnología se debe en parte a su uso a través del protocolo HTTP (Hypertext Transfer Protocol), lo que facilita la comunicación entre aplicaciones desarrolladas en diferentes lenguajes y que pueden residir en distintos tipos de hardware.

De manera general, un componente software se conforma por una encapsulación de objetos, módulos, paquetes, servicios o recursos web los cuales incluyen una serie de funcionalidades que el componente proporciona. Las funcionalidades del componente son entonces expuestas a través de interfaces, ocultando así los detalles de su implementación.

Los componentes software debieran ser especificados e implementados pensando siempre en que éstos sean posteriormente reutilizados por otras aplicaciones. Por tanto, los componentes software debieran ser documentados y exhaustivamente verificados para garantizar la confiabilidad y la reutilización de éstos.

La finalidad de la presente obra es ofrecer al lector una sencilla guía para especificar e implementar software basado en componentes utilizando la tecnología EJB, que a día de hoy, esta tecnología es ampliamente utilizada en el desarrollo y mantenimiento de diversos productos software.

El resto de esta obra se encuentra organizada de la siguiente manera: en el capítulo 2 se describe de manera general la tecnología EJB. En el capítulo 3 se presenta una guía para especificar e implementar software basado en componentes. En el capítulo 4 se ejemplifica esta guía a través de un caso práctico. Finalmente, en el capítulo 5 se presentan algunas conclusiones y recomendaciones para especificar e implementar software basado en componentes.

Capítulo 2. Tecnología EJB

En este capítulo se presenta un panorama general sobre la tecnología Enterprise JavaBeans (EJB).

Los Enterprise JavaBeans, o Enterprise Beans (Sriganesh et al., 2000) son componentes Java que implementan la tecnología EJB, que es parte de la plataforma Java EE (Java Enterprise Edition). Este tipo de componentes se ejecutan dentro de un contenedor EJB que es un entorno de ejecución dentro de un servidor de aplicaciones. Aunque transparente para el desarrollador de aplicaciones, el contenedor EJB proporciona servicios a nivel de sistema tales como manejo de transacciones y seguridad para los Enterprise Beans. Estos tipos de servicios permiten al desarrollador construir y desplegar aplicaciones de manera rápida.

En la Figura 1 se presentan los diferentes tipos de contenedores que existen en la plataforma Java EE.

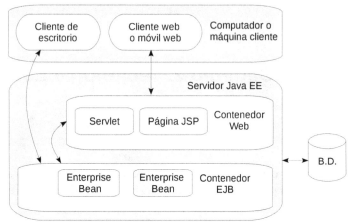

Figura 1. Tipos de contenedores usados en la tecnología J2EE.

Enterprise Beans

Escritos en el lenguaje de programación Java, los Enterprise Beans son componentes software del lado del servidor que encapsulan la lógica del negocio de una aplicación. La lógica del negocio es el código que satisface el propósito de la aplicación.

Los Enterprise Beans simplifican el desarrollo de grandes aplicaciones distribuidas. En primer lugar, porque el contenedor EJB proporciona servicios a nivel de sistema a los Enterprise Beans, por lo que el desarrollador de estos componentes puede centrarse solamente en resolver los problemas de la lógica del negocio. Por su parte, el contenedor de EJB es responsable de los servicios a nivel de sistema tales como el manejo de transacciones y seguridad. En segundo lugar, son los Enterprise Beans y no el cliente los que contienen la lógica del negocio de la aplicación, de esta manera el desarrollador del cliente se centra únicamente en la capa de presentación de éste. En tercer lugar, ya que los Enterprise Beans son componentes portables, la persona responsable por el ensamblaje de componentes puede construir nuevas aplicaciones a partir de componentes existentes. Se recomienda el uso de esta tecnología cuando:

- La aplicación deba ser escalable. por ejemplo, si existe un incremento en el número de usuarios de la aplicación tal vez sea necesario distribuir los componentes que conforman la aplicación en varios computadores. Esta tecnología permite que la ubicación de los componentes sea transparente para sus clientes.
- Las transacciones deban garantizar la integridad en los datos. Los Enterprise Beans soportan el manejo de transacciones.
- La aplicación deba tener una diversidad de clientes. Con unas cuantas líneas de código, los clientes pueden localizar y usar este tipo de componentes.

Tipos de Enterprise Beans

Como se muestra en la Tabla 1, existen dos tipos de Enterprise Beans: Beans de sesión y Beans dirigidos por mensajes. A continuación se describe cada uno de estos tipos.

Tabla 1. Tipos de Enterprise Beans.

Tipos de Beans	Propósito
Sesión	Realizan una tarea para un cliente; opcionalmente pueden implementar un servicio web.
Dirigido por mensajes	Actúan como un oyente para un tipo de mensaje en particular, tal como la API del servicio de mensajes de Java.

Beans de sesión. Representan un sólo cliente dentro del servidor de aplicaciones. Para acceder a una aplicación que es desplegada en el servidor, el cliente invoca a los métodos del Bean de sesión. Este componente realiza el trabajo por sus clientes. Como su nombre lo indica, un Bean de sesión es similar a una sesión interactiva. Un Bean de sesión no es compartido; éste sólo puede tener un cliente, de la misma manera en que una sesión interactiva sólo puede tener un usuario. Al igual que una sesión interactiva, un Bean de sesión no es persistente, es decir, sus datos no son almacenados en algún repositorio. Cuando el cliente finaliza la ejecución de alguna operación del Bean, el Bean de sesión es entonces desasociado del cliente.

Existen dos tipos de Beans de sesión: con estado y sin estado. En un Bean de sesión con estado el estado de los valores de las variables es retenido durante la duración de la sesión entre el cliente y el Enterprise Bean. Por otra parte, en un Bean de sesión sin estado únicamente se mantiene el estado de sus variables durante la invocación de sus métodos.

Beans dirigidos por mensajes. Este tipo de componentes permite a las aplicaciones procesar mensajes de manera asíncrona. Un Bean dirigido por mensajes normalmente actúa como oyente, el cual es similar a un oyente de eventos, con la diferencia de que éste recibe mensajes en lugar de eventos. Los mensajes pueden ser enviados por cualquier componente o por alguna otra aplicación que no utilice la tecnología Java.

Si imaginamos un ejemplo de una aplicación de subastas en-línea, se podría hacer uso de un Bean dirigido por mensajes. Este componente sería el responsable de recibir las pujas, transformarlas en mensajes y encolar los mensajes para su posterior procesamiento. En la Figura 2 se muestra un modelo simple que ilustra el envío de pujas (a través de mensajes) por parte de los postores en una aplicación de subastas en-línea.

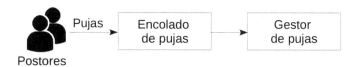

Figura 2. Modelo de encolado de pujas basado en mensajes.

Un modelo de envío de mensajes es el modelo punto a punto. En este modelo los productores que en este caso son los postores envían una serie de pujas, las cuales se van almacenando temporalmente en una cola para su posterior procesamiento. En la Figura 3. Se ejemplifica este modelo.

Figura 3. Ejemplo de modelo de envío de mensajes punto a punto.

Contenido de un Enterprise Bean

Para desarrollar un Enterprise Bean, es necesario proporcionar una serie de archivos o ficheros como son:

- La clase del Enterprise Bean. Que implementa los métodos definidos en las interfaces (llamadas también interfaces del negocio).
- Interfaces del negocio. En las interfaces del negocio se definen los métodos que son implementados por la clase del Enterprise Bean. Las interfaces pueden ser locales o remotas.
- Clases de ayuda. Otras clases necesarias por las clases de los Enterprise Beans, tales como excepciones y clases utilitarias.

Una vez que se tienen los ficheros anteriores, éstos se empaquetan en un fichero JAR[1] llamado EJB JAR que contiene los anteriores ficheros. Un fichero EJB JAR es portable y puede ser usado por distintas aplicaciones. Para ensamblar una aplicación Java EE, se empaqueta uno o varios ficheros EJB JAR (llamados también módulos) dentro de un fichero EAR[2] que contiene la aplicación. Una vez que se encuentra listo el fichero EAR, éste puede ser desplegado en algún servidor de aplicaciones Java EE (Enterprise Edition). En la Figura 4 se muestra la estructura de un fichero EJB JAR.

Figura 4. Estructura de un fichero empaquetado EJB JAR.

Acceso de los clientes al Enterprise Bean

Un cliente solamente puede acceder a un Entperprise Bean a través de los métodos u operaciones que han sido definidos en su interfaz. La interfaz define el punto de acceso del cliente hacia el Enterprise Bean, quedando ocultos en el cliente los aspectos de implementación del Enterprise Bean.

---

[1] Un archivo o fichero JAR (Java ARchive) es un fichero que contiene varios ficheros compresos dentro de éste.
[2] Un fichero EAR (Enterprise ARchive) es un tipo de fichero usado por la plataforma Java EE para empaquetar uno o más módulos dentro de un fichero.

Los Beans de sesión pueden tener más de una interfaz. Los clientes pueden acceder al Enterprise Bean de forma local o remota, por lo que un Enterprise Bean puede implementar las interfaces local, remota o las dos a la vez.

Si varios Enterprise Beans se encuentran ubicados dentro del mismo contenedor y éstos requieren comunicarse unos a otros, se recomienda que lo hagan a través de su interfaz local ya que todos ellos se ejecutan dentro de la misma máquina virtual. Sin embargo, si se encuentran en distintos contenedores deben de implementar la interfaz remota ya que están ubicados en distintas máquinas virtuales. En la Figura 5 se muestran diferentes tipos de clientes que pueden acceder a los Enterprise Beans.

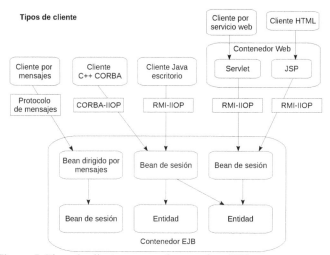

Figura 5. Tipos de clientes que pueden acceder a EJBs.

Clases de entidad

La API (Application Programming Interface) de persistencia de Java proporciona la facilidad de gestionar datos relacionales desde una perspectiva orientada a objetos. Una clase de entidad representa una tabla en una base de datos relacional y cada una de las instancias de la clase de entidad representa una fila de una tabla.

En las especificaciones anteriores a EJB 3.0 existían Enterprise Beans de entidad, los cuales eran también albergados dentro de un contenedor. A partir de la especificación EJB 3.0 se eliminó este tipo de Enterprise Bean, por lo que ahora éstos se definen como clases de entidad. En aplicaciones típicas que requieren acceder a bases de datos, los Bean de sesión utilizan diferentes clases de entidad para este propósito.

Capítulo 3. Especificación e implementación de componentes software

En este capítulo se presentan algunos de los conceptos que serán tratados en el capítulo siguiente (caso práctico), así como se presentan etapas genéricas para especificar e implementar software basado en componentes.

De acuerdo a Szyperski (1998), un componente software se define como la unidad de composición con interfaces especificadas contractualmente y explícitas del contexto.

Para especificar e implementar un componente software de manera completa y asegurar su correcta integración, mantenimiento y actualización, el componente deberá constar de los siguientes elementos:

- Un conjunto de interfaces proporcionadas o requeridas por algún entorno. Estas interfaces son usadas para la interacción con otros componentes.
- Un código ejecutable, el cual puede ser acoplado al código de otros componentes a través de sus interfaces.

La interfaz de un componente puede ser definida como una especificación de sus puntos de acceso. Los clientes acceden a los servicios u operaciones proporcionados por el componente usando estos puntos de acceso. Cabe señalar que una interfaz no ofrece la implementación de ninguna de sus operaciones. En su lugar, la interfaz define una colección de operaciones y solamente proporciona la descripción de éstas.

Idealmente, cada una de las operaciones de una interfaz debiera ser especificada semánticamente para que se garantice la correcta interacción con otros componentes. Una manera de garantizar dicha interacción es a través del uso de contratos. En un contrato se listan las restricciones globales que el componente debe mantener, es decir, mantener su invariante. Para cada una de las operaciones dentro del componente, un contrato también lista las restricciones que necesita de cumplir el cliente, es decir, cumplir con la precondición, y así el componente promete la ejecución de la operación, garantizando así la post-condición de éste.

El uso del diseño por contrato (Meyer, 1992) ayuda a asegurar que diferentes componentes software puedan trabajar de manera satisfactoria, siendo éstos desarrollados en diferentes tiempos por distintas personas y posiblemente por distintas organizaciones. Además, el uso de contratos para especificar el comportamiento en la interacción de componentes software ayuda a la reutilización y refina-miento de componentes software.

En la Tabla 2 se describen dos tipos de contrato que se pueden efectuar: Contrato de uso y contrato de realización.

Tabla 2. Tipos de contrato en un componente software.

Tipo	Propósito
Contrato de uso	Es el contrato entre la interfaz del objeto componente y sus clientes.
Contrato de realización	Es el contrato entre la especificación de un componente y su implementación.

Es importante distinguir estos tipos de contrato ya que a menudo corresponden a los roles dentro del desarrollo de componentes software. Por ejemplo, las personas quienes construyen componentes software a menudo son distintas de las personas quienes los utilizan.

Contrato de uso

Un contrato de uso describe la relación entre la interfaz de un objeto componente y un cliente, este contrato es especificado en la forma de una interfaz. En este tipo de contrato el cliente no se especifica porque no es posible predecir quién usará la interfaz a futuro. La especificación de una interfaz incluye los siguientes elementos:

- **Operaciones.** Una lista de operaciones que la interfaz proporciona, incluyendo sus firmas y definiciones.
- **Información del modelo.** La definición abstracta de cualquier información o estado que es retenido entre las peticiones del cliente hacia un objeto componente apoyado de su interfaz, y cualquier restricción sobre esta información.
- **Precondición.** es la definición de las situaciones bajo las cuales la postcondición deberá aplicar.
- **Postcondición.** es la descripción de los efectos de la operación sobre sus parámetros y la información del modelo.

Es obligación del cliente asegurar que la precondición de una operación sea verdadera antes de efectuar una llamada. Acordado este contrato, se asume que en caso de no cumplir con la precondición el comportamiento esperado de la operación muy probablemente no se efectúe. Por su parte, el proveedor del componente garantiza satisfacer la postcondición siempre y cuando la precondición haya sido cumplida. Es importante señalar que si la precondición no se cumple el resultado de la operación es indefinido por lo que cualquier otro comportamiento puede suceder. El contrato de uso se debe garantizar en tiempo de ejecución.

Contrato de realización

Un contrato de uso es un contrato en tiempo de ejecución, por otra parte un contrato de realización es un contrato de diseño. El contrato de realización es un contrato entre la especificación de un componente y la implementación de un componente; y debe ser adherido a la persona quien está creando la implementación, es decir, el realizador.

El contrato de realización es personificado en la misma especificación del componente. Mientras una interfaz define un conjunto de comportamientos, la especificación de un componente define la frontera entre la implementación y el despliegue. La especificación define en tiempo de diseño la sumatoria total de las capacidades que el componente brindará en tiempo de ejecución. En la especificación del componente también se puede definir cómo la implementación debe interactuar con otros componentes.

La especificación del componente forma el contrato con el realizador del componente, ensamblador y responsable de pruebas. La especificación del componente define la unidad de implementación, demarca la frontera de encapsulación y consecuentemente determina la granularidad de éste.

Etapas en la especificación e implementación de componentes software

A continuación se describen las etapas para realizar la especificación e implementación de componentes software. De manera genérica la especificación e implementación se compone de cinco etapas:

1. Obtención de requisitos
2. Identificación de componentes
3. Comunicación entre componentes

4. Especificación de componentes
5. Implementación y ensamblaje de componentes

Obtención de requisitos. En esta etapa se obtienen los requisitos del producto software a desarrollar o mantener y se transforman en diferentes modelos como pueden ser: el proceso actual del negocio, modelo de conceptos, visión del producto así como casos de uso.

Identificación de componentes. En esta etapa se emplean los modelos generados en la etapa anterior, se asume una separación entre dos tipos de componentes: (1) los componentes del sistema que se relacionan con la tecnología en sí y abordan aspectos como por ejemplo seguridad, gestión de transacciones, etc., y (2) los componentes de negocio que se relacionan con las funcionalidades de la aplicación a desarrollar o mantener.

El objetivo de esta etapa es identificar un conjunto inicial de interfaces para los componentes de negocio así como un conjunto inicial de interfaces para los componentes del sistema, colocándolos juntos dentro de una arquitectura inicial de componentes. El modelo elemental del negocio así como el modelo con los elementos primarios del negocio son artefactos intermedios que guían el modelado a un conjunto inicial de interfaces que ofrecerán los componentes software.

Comunicación entre componentes. En esta etapa se examinan cómo cada una de las operaciones del sistema será efectuada usando la arquitectura de componentes. Se usan modelos de interacción para descubrir operaciones sobre las interfaces de negocio. Entre más interacciones sean consideradas, emergerán operaciones de uso común, facilitando así la refactorización y reutilización de las interfaces. En esta etapa es donde los detalles completos de la estructura del sistema emergen con un claro entendimiento de las dependencias entre componentes.

Especificación de componentes. En esta etapa se lleva a cabo la especificación detallada de las operaciones así como las restricciones de éstas. Para una interfaz determinada se definen los estados potenciales de los objetos de un componente en un modelo de información de interfaz; entonces se especifican las precondiciones y postcondiciones de las operaciones expuestas, finalmente se capturan las reglas del negocio como restricciones.

Implementación y ensamblaje de componentes. Una vez que se cuenta con la especificación de componentes, se procede con la etapa de implementación, en esta etapa se implementan los componentes en algún lenguaje de programación que usualmente está asociado a alguna plataforma tecnológica. Una vez implementados, se procede al ensamblaje de componentes de acuerdo a la especificación del producto a desarrollar o mantener.

Capítulo 4. Caso práctico

En este capítulo se presenta un caso práctico donde se ejemplifican las distintas etapas que involucran la especificación e implementación de componentes software utilizando la tecnología EJB. Como caso práctico se ha seleccionado el dominio de una aplicación de subastas en-línea. Como notación para realizar la especificación de componentes se ha elegido UML (Unified Modeling Language) dado que es una de las notaciones comúnmente usada en la ingeniería de software. A continuación se ejemplifica cada una de las etapas descritas en el capítulo anterior que son: obtención de requisitos, identificación de componentes, comunicación entre componentes, especificación de componentes así como la implementación y ensamblaje de éstos.

Descripción del caso práctico

A continuación se describe el caso práctico a utilizar en las diferentes etapas antes mencionadas.

Subastas en línea. Se requiere de una aplicación que gestione subastas de diversos tipos de artículos, donde los artículos son vendidos al mejor postor. Las subastas son moderadas por un subastador y en ellas participan diversos postores. Al inicio de cada subasta, el subastador informa a los postores acerca de las características del artículo a subastar, así como su precio inicial de salida. Durante el transcurso de la subasta, los postores pueden entrar y salir de la aplicación, lo que es comunicado al subastador.

El subastador recibe pujas de los postores, las cuales son aceptadas o rechazadas dependiendo del precio ofertado. Tanto la aceptación como el rechazo son comunicadas al postor que realizó la puja. Si una puja es aceptada, se informa al resto de postores sobre el nuevo precio alcanzado por el artículo.

Cuando un postor recibe una actualización del precio del artículo, puede reaccionar o bien realizando una nueva puja, en la que oferta un precio más alto, o bien abandonando la subasta. Una vez que el postor ha respondido a una actualización de precio, no puede volver a realizar pujas hasta que reciba un nuevo precio.

La subasta finaliza adjudicando el artículo a la puja con el precio más elevado. El subastador debe informar de la adjudicación a los postores y enviar el artículo al ganador de la subasta. A continuación, el subastador procede a subastar otro artículo. Las subastas están sujetas a periodos de tiempo determinados que son definidos por el subastador.

Obtención de requisitos

Como se mencionó en el capítulo anterior, la etapa de obtención de requisitos puede conformarse por varias actividades como pueden ser: el modelado del proceso actual del negocio, modelado de conceptos, definición de la visión del producto así como el modelado de casos de uso. Para llevar a cabo esta etapa se pueden utilizar las estrategias de modelado del negocio descritas en Eriksson y Penker (1998).

Modelo de proceso del negocio. Una de las primeras actividades en la obtención de requisitos es conocer el proceso del negocio, este tipo de modelo es de utilidad para comprender el flujo de actividades que conforman, por ejemplo, el dominio de la aplicación a desarrollar. En la Figura 6 se muestra una aproximación del modelo de proceso de negocio para la aplicación de subastas en-línea. En este modelo se ilustra el conjunto de actividades y actores involucrados en el dominio de la aplicación.

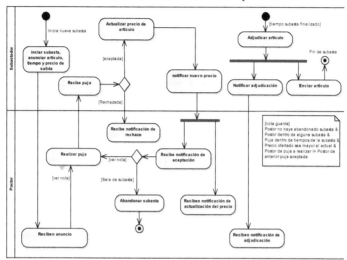

Figura 6. Modelo de proceso de negocio para la aplicación subastas en-línea.

Modelo de conceptos del negocio. El objetivo de este modelo es elaborar un diagrama de clases con los conceptos principales del modelo de proceso del negocio. En este modelo también se representan las relaciones entre los conceptos que han sido derivados. En la Figura 7 se presenta el modelo de conceptos del negocio para la aplicación de subastas en-línea.

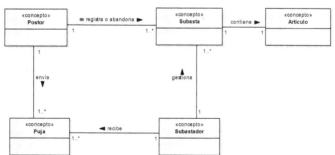

Figura 7. Modelo de conceptos del negocio para la aplicación subastas en-línea.

Visión del sistema. La finalidad de la visión del sistema es capturar las funcionalidades del software a desarrollar o mantener, en este caso la visión del sistema corresponde con la descripción del caso práctico descrito con anterioridad.

Modelo de casos de uso. Los casos de uso muestran cómo los requisitos son alcanzados por el sistema software, esta actividad consiste en identificar los casos de uso y los actores que intervienen en la ejecución de éstos. Para la identificación de casos de uso se analiza el modelo de proceso del negocio. Por ejemplo, del modelo anterior se determina que hay dos actores principales, postor y subastador. En la Figura 8 se muestran los casos de uso identificados.

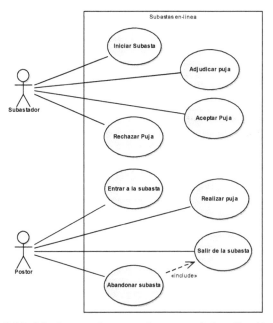

Figura 8. Modelo de casos de uso en el contexto de la aplicación.

Especificación de casos de uso. Una vez identificados los casos de uso se procede a la especificación de éstos, en el Esquema 1 se presenta un ejemplo de especificación del caso de uso "iniciar subasta". La especificación de los demás casos de uso se encuentra disponible en el apartado de anexos.

Esquema 1. Ejemplo de especificación del caso de uso "iniciar subasta".

Nombre: Iniciar subasta
Meta: Anunciar a los postores el artículo a subastar
Precondición: debe de existir un artículo para iniciar la subasta
Postcondición: la subasta es iniciada y registrada
Actor primario: Subastador

Flujo principal

El subastador crea una nueva subasta con la información del artículo a subastar fecha y hora de inicio y fin así como precio de salida

Secuencia de pasos principal

Paso	Descripción
1	Subastador selecciona la opción "iniciar nueva subasta"
2	El sistema le solicita al Subastador ingresar los siguientes campos: • Descripción de la subasta • Fecha y hora de inicio • Fecha y hora de fin • Artículo a subastar • Precio inicial
3	El sistema guarda la información ingresada
4	Fin de caso de uso

Identificación de componentes

El objetivo de esta etapa es crear un conjunto inicial de interfaces así como empezar con la especificación de componentes, éstos ligados a una arquitectura inicial. Para comenzar esta etapa es necesario contar con el modelo de conceptos del negocio y los casos de uso. Los modelos que se obtienen tras finalizar esta etapa son el modelo elemental del negocio, el modelo con los elementos primarios del negocio y la especificación inicial de componentes.

Para iniciar con la identificación de interfaces el primer paso es refinar el modelo de conceptos del negocio, hasta obtener el modelo elemental del negocio. Mientras que en el modelo de conceptos del negocio simplemente se relaciona la información de interés con el dominio del problema, en el modelo elemental del negocio además se describe información específica de éste como pueden ser atributos de los conceptos previamente identificados. En la Figura 9 se presenta el modelo elemental del negocio de la aplicación subastas en-línea.

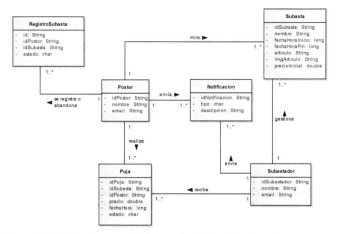

Figura 9. Modelo elemental del negocio de la aplicación subastas en-línea.

Una vez realizado el modelo elemental del negocio, el siguiente paso es identificar los elementos primarios de éste. Los elementos primarios son aquellas entidades del negocio que tienen la mayor afinidad con el dominio de la aplicación. Estas entidades tienen el potencial de convertirse en componentes que pueden ofrecer una serie de operaciones a través de sus interfaces. En el caso de la aplicación subastas en-línea, los elementos primarios corresponden con las entidades Postor y Subastador quienes tienen la mayor afinidad con el dominio de la aplicación y tienen el potencial de convertirse en componentes que a través de sus interfaces expongan una serie de operaciones. A las entidades primarias identificadas se asocia entonces su interfaz correspondiente. En la Figura 10 se presenta el modelo con los elementos primarios del negocio.

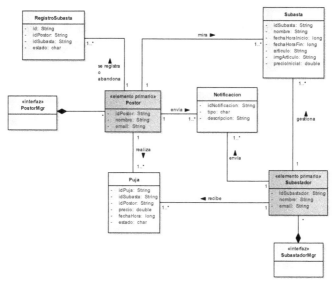

Figura 10. Modelo con los elementos primarios del negocio de la aplicación subastas en-línea.

Tras identificar los elementos primarios del negocio, el siguiente paso consiste en definir las interfaces para cada uno de los elementos primarios. En el modelo anterior

(Figura 10) las interfaces `PostorMgr` y `Subasta-dorMgr` son ligadas a su respectivo elemento primario del negocio.

A continuación se obtienen las operaciones de cada una de las interfaces. Para identificar las operaciones se puede hacer uso del modelo de casos de uso. En la Figura 11 se muestran las operaciones identificadas en ambas interfaces.

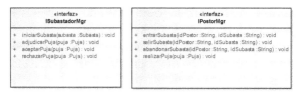

Figura 11. Operaciones identificadas en las interfaces de los elementos primarios.

Tomando en cuenta la tecnología EJB, en la Figura 12 se muestran los componentes `SubastadorMgr` y `Pos-torMgr` que hacen uso de componentes secundarios. Las operaciones de los dos componentes principales son delegadas a componentes secundarios, de esta forma se exponen sólo las interfaces de los dos componentes primarios, actuando así como puntos de acceso al resto de componentes.

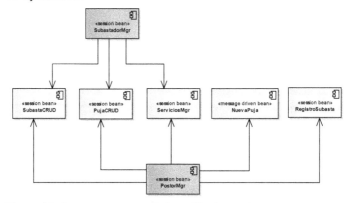

Figura 12. Componentes secundarios utilizados por los componentes `SubastadorMgr` y `PostorMgr`.

Cabe señalar que los componentes que aparecen en el modelo de la Figura 12 representan una dependencia con respecto a la plataforma tecnológica de implementación, en este caso la tecnología EJB. Finalmente en esta etapa se elabora la arquitectura inicial de los componentes identificados, en la Figura 13 se muestra dicho modelo.

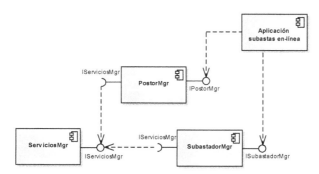

Figura 13. Arquitectura inicial de componentes para la aplicación de subastas en-línea.

Como se observa en la Figura 13, el sistema de subastas en-línea puede ser representado como un componente que a su vez éste hace uso de los componentes `Pos-torMgr` y `SubastadorMgr` a través de sus respectivas interfaces. Ambos componentes hacen uso de las operaciones del componente `ServiciosMgr`.

Comunicación entre componentes

Como resultado de la identificación de componentes se obtiene un conjunto inicial de interfaces asociadas a sus respectivos componentes, los cuales son de utilidad para comenzar a trabajar en la etapa de comunicación entre éstos. El objetivo de esta etapa es modelar el comportamiento de los componentes a través de diferentes interacciones. Como resultado de esta actividad se obtiene la refinación de las interfaces existentes; se identifican cómo las interfaces serán usadas. Fruto de este refinamiento, pueden descubrirse nuevas interfaces y operaciones.

En la Figura 14 se muestra un modelo inicial que representa la comunicación de posibles clientes con los componentes EJB asociados al dominio del postor.

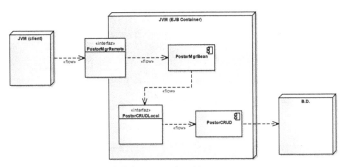

Figura 14. Modelo inicial de comunicación entre componentes relacionados con el dominio del postor.

Una vez identificada la comunicación inicial entre componentes, el siguiente paso consiste en modelar las operaciones de las interfaces previamente definidas. El objetivo de esta actividad es conocer los diferentes componentes que interactúan entre sí para llevar a cabo alguna operación. En la Figura 15 se presentan los componentes involucrados en efectuar la operación `realizarPuja()` definida en el componente primario `PostorMgr`.

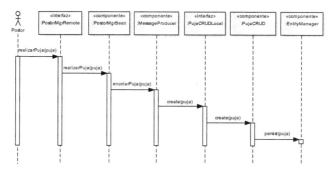

Figura 15. Ejemplo de comunicación entre componentes que intervienen en la operación `realizarPuja()`.

De manera similar que en la Figura 15, en la Figura 16 se ilustra la comunicación entre componentes que intervienen en la operación `iniciarSubasta()`.

Figura 16. Ejemplo de componentes involucrados en efectuar la operación `iniciarSubasta()`.

Especificación de componentes

Esta etapa se divide en dos actividades, la especificación de interfaces y la especificación de los componentes. Como se mencionó anteriormente existen dos tipos de contrato: de uso y de realización. El contrato de uso es definido por la especificación de la interfaz mientras que el contrato de realización es definido por la especificación del componente.

Especificación de interfaces. La definición de los contratos de cada interfaz puede especificarse con mayor precisión a través del uso de lenguajes formales, para este caso se eligió el lenguaje OCL (Object Constraint Language) que se utiliza para la descripción formal de expresiones en modelos UML (Heaton, 2007). OCL es un lenguaje declarativo que permite la construcción de expresiones lógicas que facilitan la especificación de invariantes, precondiciones, postcondiciones, inicializaciones, guardias, entre otras expresiones. En esta primera actividad se identifican las operaciones de cada una de las interfaces y se lleva a cabo la especificación de cada una de éstas. En la Figura 17 se muestran las operaciones identificadas en las interfaces `ISubastadorMgr`, `IPostorMgr` e `IServiciosMgr`.

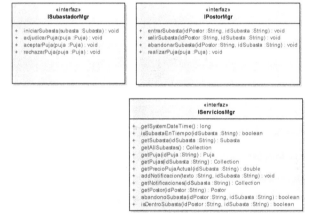

Figura 17. Operaciones iniciales identificadas en las interfaces asociadas a los componentes software.

Durante esta actividad pueden refinarse las operaciones de las interfaces tomando en cuenta el dominio de la aplicación a desarrollar así como la tecnología en que se implementarán. En la Figura 18 se muestran las interfaces a implementar con respecto a la tecnología EJB.

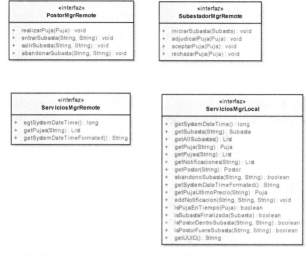

Figura 18. Interfaces y operaciones refinadas con respecto a la tecnología EJB.

Una vez finalizada la identificación de interfaces y operaciones, el siguiente paso consiste en especificar las operaciones de manera formal, que en este caso se efectúa a través del lenguaje OCL. En el Esquema 2 se muestra la especificación de la operación `iniciarSubasta()` con el lenguaje OCL.

Esquema 2. Ejemplo de especificación formal en OCL.

```
context ISubastadorMgr::iniciarSubasta( subasta :
Subasta )
pre:
subasta.idSubasta <> null and
subasta.nombre <> null and
subasta.artículo <> null and
subasta.fechaHoraInicio > 0 and
subasta.fechaHoraFin > 0 and
subasta.precioInicial >= 0 and
subasta.fechaHoraInicio < subasta.HoraFin
post:
subastas = subastas@pre->including( subasta )
```

Especificación de componentes. Como se describió anteriormente, la especificación de interfaces se relaciona con el contrato de uso, que es el contrato entre el objeto componente y sus clientes. Por su parte la implementación de componentes se relaciona con el contrato de realización, que es el contrato entre quien especifica el componente y quien lo implementa. La especificación de componentes debe contener la información necesaria para que quienes implementan y quienes ensamblan los componentes conozcan posibles dependencias con otros componentes.

Para cada componente especificado, es necesario describir cada una de las interfaces que éste soporta. En la Figura 19 se muestra la especificación de componentes con sus respectivas interfaces.

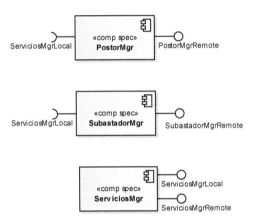

Figura 19. Componentes identificados con sus respectivas interfaces.

Implementación y ensamblaje de componentes

Una vez que han sido especificados los componentes, se procede a su implementación. Existe una vista propuesta por Soni et al. (1995) llamada arquitectura de código. En esta vista se describe cómo el código fuente es organizado para un entorno de desarrollo. Tomando como referencia esta vista, en la Figura 20 se muestra la organización, a través de paquetes, de las clases Java que conforman la aplicación de subastas en-línea.

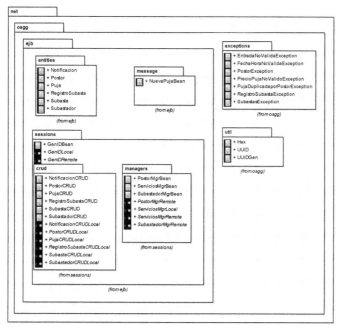

Figura 20. Vista de la arquitectura de código para la aplicación de subastas en-línea.

Una vez modelada la arquitectura de código, el siguiente paso consiste en realizar la implementación de acuerdo a la tecnología seleccionada. En los Esquemas 3, 4 y 5 que aparecen a continuación se presentan tres fragmentos de código que corresponden con la implementación del componente Postor con su respectiva interfaz así como el código necesario para acceder a las operaciones de este componente. El código completo de los componentes de la aplicación se encuentra disponible en https://github.com/omargomez2/subastas_ejb.

Esquema 3. Implementación del componente
`PostorMgrBean.java.`

```java
package net.osgg.ejb.sessions.managers;

import javax.annotation.Resource;
...

@Stateless(mappedName="PostorMgr")
public class PostorMgrBean implements PostorMgrRemote {
    @EJB
    private PujaCRUDLocal pujaCRUD;
    @EJB
    private SubastaCRUDLocal subastaCRUD;
    @EJB
    private RegistroSubastaCRUDLocal rSubastaCRUD;
    @EJBprivate ServiciosMgrLocal serviciosMgr;

    @Resource(mappedName="jms/NuevaPujaFactory")
    private ConnectionFactory connectionFactory;

    @Resource(mappedName="jms/NuevaPuja")
    private Queue queue;

    private Subasta subastaG;
    private Postor postorG;
    private RegistroSubasta rSubasta;


    public void realizarPuja(Puja puja) throws
        PrecioPujaNoValidoException, PujaDuplicadaporPostorException,
        FechaHoraNoValidaException, SubastasException {

        if (puja.getPrecio() <= serviciosMgr.getPujaUltimoPrecio
            (puja.getIdSubasta() ).getPrecio() )
                throw new PrecioPujaNoValidoException
                    ("El precio de la puja debe ser mayor al anterior");
        else if ( !serviciosMgr.isPujaEnTiempo(puja) )
                throw new FechaHoraNoValidaException
                    ("La fecha y hora de la puja debe estar dentro de los
                    tiempos de la subasta");
        else if ( puja.getIdPostor().equals
                ( pujaCRUD.getPujaUltimoPrecio(puja.getIdSubasta()).
                getIdPostor() ))
                throw new PujaDuplicadaporPostorException ("El postor no debe
                    realizar nuevas pujas hasta que reciba un nuevo precio
                    por otro postor");
        else if (!serviciosMgr.isPostorDentroSubasta
                                    (puja.getIdPostor(),
                                    puja.getIdSubasta())))
                throw new SubastasException("El Postor debe estar dentro de
                                    alguna subasta");
        else
            encolaPuja(puja);
    }


    private void encolaPuja(Puja puja){
            try {
                Connection connection =
                    connectionFactory.createConnection();
                Session session = connection.createSession(false,
                                    Session.AUTO_ACKNOWLEDGE);
                MessageProducer messageProducer =
                                    session.createProducer(queue);
                ObjectMessage message =
                                    session.createObjectMessage();
                message.setObject(puja);
                messageProducer.send(message);
                messageProducer.close();
```

```
                connection.close();
        } catch (JMSException ex) {
            ex.printStackTrace();
        }
}


public void entrarSubasta(String idPostor, String idSubasta)
                    throws EntradaNoValidaException,
                            RegistroSubastaException {
        if (idSubasta == null )
            throw new EntradaNoValidaException("Id de subasta no
                                    debe estar vacio");
        else if (idPostor == null )
            throw new EntradaNoValidaException("Id de postor no
                                    debe estar vacio");
        else if (serviciosMgr.isPostorDentroSubasta(idPostor,
                                    idSubasta))
            throw new RegistroSubastaException("El Postor ya está
                                    dentro de la subasta");
        else if (serviciosMgr.abandonoSubasta(idPostor,
                                    idSubasta))
            throw new RegistroSubastaException("El Postor ya ha
                                    abandonado la subasta");
        else if (rSubastaCRUD.getRegistroSubasta(idPostor,
                            idSubasta).getId() == null){
            rSubasta = new RegistroSubasta();
            rSubasta.setId( serviciosMgr.getUUID() );
            rSubasta.setIdPostor(idPostor);
            rSubasta.setIdSubasta(idSubasta);
            rSubasta.setEstado('e');
            rSubastaCRUD.create(rSubasta);
            postorG = serviciosMgr.getPostor(idPostor);
            subastaG = subastaCRUD.find(idSubasta);
            serviciosMgr.addNotificacion(idSubasta,
        "entrada",serviciosMgr.getSystemDateTimeFormated() +
                    "-- El Postor "+postorG.getNombre()+
                    " ha entrado a la subasta
                    "+subastaG.getNombre());
        } else if ( serviciosMgr.isPostorFueraSubasta(idPostor,
                                    idSubasta)){
            rSubasta =
                rSubastaCRUD.getRegistroSubasta(idPostor,
                                    idSubasta);
            rSubasta.setEstado('e');
            rSubastaCRUD.edit(rSubasta);
            postorG = serviciosMgr.getPostor(idPostor);
            subastaG = subastaCRUD.find(idSubasta);
            serviciosMgr.addNotificacion(idSubasta,
        "entrada",serviciosMgr.getSystemDateTimeFormated()
                            +"-- El Postor
                            "+postorG.getNombre()+
                            " ha entrado a la subasta
                            "+subastaG.getNombre());
        }
}


public void salirSubasta(String idPostor, String idSubasta)
                    throws EntradaNoValidaException,
                            RegistroSubastaException {
        if (idSubasta == null )
            throw new EntradaNoValidaException("Id de subasta no
                                    debe estar vacio");
        else if (idPostor == null )
            throw new EntradaNoValidaException("Id de postor no
                                    debe estar vacio");
        else if (rSubastaCRUD.getRegistroSubasta(idPostor,
```

```
                                 idSubasta).getId() == null)
            throw new RegistroSubastaException("Debe existir un
                              idPostor e idSubasta válidos en el
                              registro de subastas");
            else if ( serviciosMgr.isPostorFueraSubasta(idPostor,
                idSubasta) )
              throw new RegistroSubastaException("El Postor ya ha
                                    salido de la subasta");
            else if ( serviciosMgr.abandonoSubasta(idPostor,
                                    idSubasta))
              throw new RegistroSubastaException("El Postor ya ha
                                    abandonado la subasta");
            else{
                  rSubasta =
                      rSubastaCRUD.getRegistroSubasta(idPostor,
                                    idSubasta);
                  rSubasta.setEstado('s');
                  rSubastaCRUD.edit(rSubasta);
                  postorG = serviciosMgr.getPostor(idPostor);
                  subastaG = subastaCRUD.find(idSubasta);
                  serviciosMgr.addNotificacion(idSubasta,
                  "salida",serviciosMgr.getSystemDateTimeFormated()
                            +"-- El Postor "+postorG.getNombre()+
                            " ha salido de la subasta
                            "+subastaG.getNombre());
            }
      }


    public void abandonarSubasta(String idPostor, String idSubasta)
                              throws EntradaNoValidaException,
                                 RegistroSubastaException {
            if (idSubasta == null )
            throw new EntradaNoValidaException("Id de subasta no
                              debe estar vacío");
            else if (idPostor == null )
            throw new EntradaNoValidaException("Id de postor no
                              debe estar vacío");
            else if (rSubastaCRUD.getRegistroSubasta(idPostor,
                                 idSubasta).getId()
                                    == null)
              throw new RegistroSubastaException("Debe existir un
                  idPostor e idSubasta válidos en el registro
                                 de subastas");
            else if ( serviciosMgr.isPostorFueraSubasta(idPostor,
                                 idSubasta))
              throw new RegistroSubastaException("Para poder
                  abandonar la subasta, el postor debe estar
                                 dentro de ésta");
            else if ( serviciosMgr.abandonoSubasta(idPostor,
                                 idSubasta))
              throw new RegistroSubastaException("El Postor ya ha
                                 abandonado esta subasta");
            else{
                  rSubasta =
                      rSubastaCRUD.getRegistroSubasta(idPostor,
                                    idSubasta);
                  rSubasta.setEstado('a');
                  rSubastaCRUD.edit(rSubasta);
                  postorG = serviciosMgr.getPostor(idPostor);
                  subastaG = subastaCRUD.find(idSubasta);
                  serviciosMgr.addNotificacion(idSubasta,
                  "abandono",serviciosMgr.getSystemDateTimeFormated()
                            +"-- El Postor
                            "+postorG.getNombre()+
                            " ha abandonado la subasta
                            "+subastaG.getNombre());
            }
      }

  }
```

Esquema 4. Interfaz PostorMgrRemote.java.

```
package net.osgg.ejb.sessions.managers;

import javax.ejb.Remote;
...

@Remote
public interface PostorMgrRemote {
    /*  OCL Semantic
        context  IPostorMgr::realizarPuja( puja : Puja )
        pre:
            puja.precio > pujas.precio->last() and
            puja.fechaHora >= Subasta.fechaHoraInicio and
            puja.fechaHora <= Subasta.fechaHoraFin and
            Postor.idPostor <> pujas.Postor.idPostor->last() and
            subastasActualesIngresadas->includes(Postor) and
            not subastasAbandonadas->includes(Postor)
        post:
        pujas = pujas@pre->including( puja )
    */
    void realizarPuja(Puja puja)
                                throws PrecioPujaNoValidoException,
                                       PujaDuplicadaporPostorException,
                                       FechaHoraNoValidaException,
                                       SubastasException;


    /*  OCL Semantic
        context  IPostorMgr::entrarSubasta( idPostor :String, idSubasta
                                                               :String )
        pre:
            idPostor <> null and
            idSubasta <> null
        post:
            if not registroSubastas->exists( idSubasta =
                                      RegistroSubasta.idSubasta ) then
              registroSubastas = registroSubastas@pre->including( Subasta )
                notificaciones = notificaciones@pre->including(
                                                        Notificacion )
            endif
    */
    void entrarSubasta(String idPostor, String idSubasta)
                                throws EntradaNoValidaException,
                                       RegistroSubastaException;


    /*  OCL Semantic
        context  IPostorMgr::salirSubasta( idPostor :String, idSubasta
                                                               :String )
        pre:
           idPostor <> null and
           idSubasta <> null and
           registroSubastas->includes( idPostor, idSubasta )
        post:
           registroSubasta.estado = 's'
           notificaciones = notificaciones@pre->including( Notificacion )
    */
    void salirSubasta(String idPostor, String idSubasta)
                                throws EntradaNoValidaException,
                                       RegistroSubastaException;


    /*  OCL Semantic
        context  IPostorMgr::abandonarSubasta( idPostor :String, idSubasta
                                                 :String, )
        pre:
            idPostor <> null and
            idSubasta <> null and
```

```
            registroSubastas->includes( idPostor, idSubasta )
    post:
            registroSubasta.estado = 'a'
 */


    void abandonarSubasta(String idPostor, String idSubasta)
                            throws EntradaNoValidaException,
                                   RegistroSubastaException;
}
```

Esquema 5. Código requerido para acceder a las operaciones del
componente `PostorMgr`.

```
Public class Cliente{

    public static void main ( String[] args ) {
        Cliente cliente = new Cliente();
        ...
        //------ Realizar Puja ------
            Puja puja = new Puja();
            puja.setIdPuja( main.getID());
            puja.setIdSubasta("4bce0820c42511dcaa3143be8a64d9a7");
            puja.setIdPostor("a1bc8ed0c42711dc9681005b8a64d9a7");
            puja.setPrecio(123.12);
            gc = new GregorianCalendar(2015, 1-1, 16, 12, 10);
            date = gc.getTime();
            puja.setFechaHora(date.getTime());
            puja.setEstado('e'); // e: entrante a:aceptada
                                 // r:rechazada
            cliente.realizarPuja(puja);
        //------ Fin Realizar Puja -----
        ...
    }

    public void realizarPuja( Puja puja ){
        try {
            PostorMgrRemote postorMgr = lookupPostorMgr();
            postorMgr.realizarPuja(puja);
        } catch (PrecioPujaNoValidoException ex) {
        Logger.getLogger(Main.class.getName()).log(Level.SEVERE, null,
                                                            ex);
        } catch (PujaDuplicadaporPostorException ex) {
        Logger.getLogger(Main.class.getName()).log(Level.SEVERE, null,
                                                            ex);
        } catch (FechaHoraNoValidaException ex) {
        Logger.getLogger(Main.class.getName()).log(Level.SEVERE, null,
                                                            ex);
        } catch (SubastasException ex) {
        Logger.getLogger(Main.class.getName()).log(Level.SEVERE, null,
                                                            ex);
        }
    }

    private PostorMgrRemote lookupPostorMgr() {
        try {
            Context ctx = new InitialContext();
            return (PostorMgrRemote) ctx.lookup("PostorMgr");
        } catch (NamingException ne) {
                getLogger(getClass().getName()).log(java.util.
                        logging.Level.SEVERE,
                        "exception caught", ne);
            throw new RuntimeException(ne);
        }
    }
}
```

Capítulo 5. Conclusiones

En esta obra se ha presentado una sencilla guía para llevar a cabo la especificación e implementación de software basado en componentes con la tecnología EJB. La especificación e implementación puede efectuarse en cinco etapas genéricas que son: obtención de requisitos, identificación de componentes, comunicación entre componentes, especificación de componentes así como la implementación y ensamblaje de componentes. A continuación se presentan algunas recomendaciones que pueden ser de utilidad en cada una de estas etapas.

Con respecto a la obtención de requisitos, esta etapa puede realizarse apoyándose del modelado del proceso del negocio. Para obtener un mejor entendimiento de éste, se pueden emplear las vistas propuestas por Eriksson y Penker (1998). A través del lenguaje UML, Eriksson y Penker definen cuatro vistas que capturan distintos aspectos del modelado del negocio, logrando así una mayor comprensión del dominio de la aplicación a desarrollar o mantener. Los distintos modelos generados durante el modelado del negocio facilitan la identificación de componentes. Con respecto al lenguaje UML, una guía de usuario donde se profundiza el uso de este lenguaje se encuentra disponible en Booch et al. (2005). Para la especificación de casos de uso se puede tomar como referencia el enfoque propuesto por Cockburn (2000).

En cuanto a la comunicación entre componentes se recomienda usar el diagrama UML de secuencia donde se muestra de una manera intuitiva la comunicación entre los distintos componentes involucrados en efectuar alguna operación.

Aunque en esta guía se ha utilizado el lenguaje OCL para la especificación de componentes, es posible emplear otros métodos formales. El lenguaje OCL es un buen comienzo para esta actividad, sin embargo en aplicaciones con mayor complejidad se recomienda realizar la especificación en lenguajes tales como: Larch (Wing, 1987), Z (Jacky, 1996), o CSP (Hoare, 1985), entre otros. Por ejemplo, es posible utilizar el lenguaje Larch para especificar las interfaces de los componentes. Por otra parte, se puede emplear el lenguaje Z para modelar de manera abstracta el comportamiento de los componentes, donde éstos pueden ser posteriormente verificados, por ejemplo, con la herramienta Z/Eves. En cuanto a la verificación de modelos que utilizan el lenguaje OCL, es posible llevar a cabo la verificación con la herramienta UMLtoCSP donde se hace uso del enfoque Constraint Satisfaction Problem (Ghedira, 2013).

En lo que respecta a la tecnología EJB, ésta se encuentra lo suficientemente madura para llevar a cabo la implementación de componentes software. Desde su aparición a finales del año 1997 hasta hoy en día, la manera de implementar componentes software ha evolucionado notablemente. Actualmente el desarrollador no requiere de escribir cientos de líneas para implementar algún componente software. En cuanto a la gestión de proyectos software basados en este paradigma, el usar la tecnología EJB permite una clara separación de roles. Por ejemplo, dadas las especificaciones del producto a desarrollar, es posible que un equipo de personas trabaje independientemente en la capa de presentación, mientras que otro equipo trabaje al mismo tiempo en la capa del negocio llevando a cabo la especificación e implementación de componentes.

Para concluir, esta guía cubre los principales aspectos necesarios para especificar e implementar software basado en componentes tanto en proyectos académicos como en proyectos reales usando la tecnología EJB. Esta guía también sirve como punto de partida para definir un proceso de especificación e implementación de componentes software en una tecnología determinada.

Bibliografía

G. Booch, J. Rumbaugh, I. Jacobson. *The Unified Modeling Language User Guide (2nd Edition)*. Addison-Wesley Professional. 2005.

A. Cockburn. *Writing Effective Use Cases (1st ed.)*. Addison-Wesley Longman Publishing Co., Inc., Boston, MA, USA. 2000.

H. E. Eriksson, M. Penker. *Business Modeling With UML: Business Patterns at Work*. New York, NY, USA, John Wiley & Sons, Inc. 1998.

K. Ghedira. *Constraint Satisfaction Problems: CSP Formalisms and Techniques*. Wiley-ISTE. 2013

L. Heaton. *Object Constraint Language, v 2.0*. OMG. April. 2007.

C.A.R. Hoare. *Communicating Sequential Processes*. Prentice Hall International Series in Computing Science. 1985.

J. Jacky. *The Way of Z: Practical Programming with Formal Methods*. Cambridge University Press. 1996.

B. Meyer. *Applying "Design by Contract"*. Computer 25, 10 (October 1992), 40-51. 1992.

D. Soni, R. L. Nord, C. Hofmeister. *Software Architecture in Industrial Applications*. Paper presented at the Proceedings of the 17th International Conference on Software Engineering, Washington, USA. 1995.

R. P. Sriganesh, G. Brose, M. Silverman. *Mastering Enterprise JavaBeans 3.0.*, New York, NY, USA, John Wiley & Sons, Inc. 2006.

C. Szyperski. *Component Software: Beyond Object-Oriented Programming*. ACM Press / Addisson-Wesley. 1998.

J. M. Wing. *Writing Larch interface language specifications*. ACM Trans. Program. Lang. Syst., New York, NY, USA, Volume 9, Number 1, Pages 1-24, ACM. 1987.

Anexos

Especificación de casos de uso

En este apartado se presentan las descripciones de los casos de uso identificados en la aplicación de subastas en-línea.

Nombre del caso de uso: Iniciar subasta
Meta: Anunciar a los postores el artículo a subastar
Precondición: debe de existir un artículo para iniciar la subasta
Postcondición: la subasta es iniciada y registrada
Actor primario: Subastador

Flujo principal

El subastador crea una nueva subasta con la información del artículo a subastar fecha y hora de inicio y fin así como precio de salida

Secuencia de pasos principal

Paso	Descripción
1	Subastador selecciona la opción "iniciar nueva subasta"
2	El sistema le solicita al Subastador ingresar los siguientes campos: • Descripción de la subasta • Fecha y hora de inicio • Fecha y hora de fin • Artículo a subastar • Precio inicial
3	El sistema guarda la información ingresada
4	Fin de caso de uso

Nombre del caso de uso: Adjudicar puja
Meta: Notificar a los postores de la adjudicación de la puja
Precondición: La fecha y hora de fin de la subasta deben haber concluido
Postcondición: Los postores son notificados de la adjudicación
Actor primario: Subastador

Flujo principal
El subastador selecciona alguna de las subastas que haya finalizado y realiza la adjudicación

Flujo secundario
El subastador selecciona alguna de las subastas sin que haya finalizado el tiempo de ésta

Secuencia de pasos principal

Paso	Descripción
1	El Subastador selecciona una subasta de la lista de subastas
2	El subastador elige la opción "adjudicar puja y notificar"
3	El sistema verifica que el tiempo de la subasta haya finalizado y envía la notificación de adjudicación a los postores activos de esa subasta, en caso contrario se ejecuta flujo alterno 3.1
4	Se envía el artículo al postor que se le otorgó la adjudicación
5	Fin de caso de uso

Secuencia de pasos secundaria

Paso	Descripción
3.1	El sistema muestra el siguiente mensaje "Error: La subasta no ha finalizado, elija otra subasta"
3.2	Volver a paso principal 1

Nombre del caso de uso: Aceptar Puja
Meta: Notificar a los postores sobre la aceptación de pujas
Precondición: Deben de existir pujas válidas enviadas por los postores
Postcondición: El postor recibe notificación de aceptación de puja
Actor primario: Subastador

Flujo principal
El subastador notifica a los postores sobre la aceptación de pujas

Secuencia de pasos principal

Paso	Descripción
1	El Subastador selecciona una subasta, de la lista de subastas
2	El sistema muestra una lista con las pujas entrantes de acuerdo a la subasta seleccionada, únicamente aparecen en la lista las pujas con estado "en espera"
3	El Subastador selecciona una puja de la lista de pujas entrantes, La lista de pujas contiene: subasta, postor, precio, fecha-hora, estado
4	El sistema muestra dos opciones: "aceptar puja" y "rechazar puja", si el usuario elije "aceptar puja", se ejecuta flujo alterno 2.1 si el usuario elije "rechazar puja", se ejecuta caso de uso "Rechazar Puja"
5	Fin de caso de uso

Secuencia de pasos secundaria

Paso	Descripción
2.1	Aceptar puja
2.1.1	El sistema actualiza el estado de la puja y la marca como "aceptada"
2.1.2	El sistema envía una mensaje de notificación de aceptación al postor
2.1.3	Volver a paso principal 5

Nombre del caso de uso: Rechazar Puja
Meta: Notificar a los postores sobre el rechazo de pujas
Precondición: Deben de existir pujas válidas enviadas por los postores
Postcondición: El postor recibe notificación de rechazo de puja
Actor primario: Subastador

Flujo principal
El subastador notifica a los postores sobre el rechazo de pujas

Secuencia de pasos principal

Paso	Descripción
1	El Subastador selecciona una subasta, de la lista de subastas
2	El sistema muestra una lista con las pujas entrantes de acuerdo a la subasta seleccionada, únicamente aparecen en la lista las pujas con estado "en espera"
3	El Subastador selecciona una puja de la lista de pujas entrantes, La lista de pujas contiene: subasta, postor, precio, fecha-hora, estado
4	El sistema muestra dos opciones: "aceptar puja" y "rechazar puja", si el usuario elije "aceptar puja", se ejecuta caso de uso "Aceptar Puja" si el usuario elije "rechazar puja", se ejecuta flujo alterno 2.2
5	Fin de caso de uso

Secuencia de pasos secundaria

Paso	Descripción
2.2	Rechazar puja
2.2.1	El sistema actualiza el estado de la puja y la marca como "rechazada"
2.2.2	El sistema envía un mensaje de notificación de rechazo al postor
2.2.3	Volver a paso principal 5

Nombre del caso de uso: Entrar a la subasta
Meta: Que el postor se identifique durante la subasta
Precondición: El postor debe ingresar alguna identidad
Postcondición: El postor entra a la subasta teniendo acceso para realizar pujas
Actor primario: Postor

Flujo principal
El postor entra a una o más subastas

Secuencia de pasos principal

Paso	Descripción
1	El Postor selecciona una subasta de una lista de subastas
2	El sistema muestra información de la subasta, artículo, precio de salida, precio actual.
3	El Postor selecciona la opción "entrar a la subasta"
4	El sistema notifica al subastador de la entrada del postor informándole nombre del postor, fecha y hora que entró y a que subasta entró
5	El sistema busca la subasta seleccionada en el registro de subastas, si la encuentra se actualiza la lista con el registro subastas de lo contrario se agrega la subasta seleccionada a la lista de registros
6	Fin de caso de uso

Nombre del caso de uso: Salir de la subasta
Meta: Que el postor salga de la subasta
Precondición: El postor debe estar dentro de la subasta
Postcondición: El sistema retira de la subasta seleccionada al postor
Actor primario: Postor

Flujo principal
El Postor elige salir de alguna subasta

Secuencia de pasos principal

Paso	Descripción
1	El sistema muestra una lista con las subastas en las que el postor ha entrado
2	El postor selecciona de la lista de subastas que ha entrado, la subasta en la cual desea salir
3	El Postor selecciona la opción "salir de la subasta x"
4	El sistema notifica al subastador de la salida del postor informándole nombre del postor, fecha y hora que salió y la subasta que ha salido
4	El sistema actualiza de la lista de registro de subastas, la subasta en la que el postor ha salido
5	Fin de caso de uso

Nombre del caso de uso: Realizar Puja
Meta: Que el postor realice una puja de alguna subasta
Precondición:

- Postor dentro de alguna subasta &
- Postor no haya abandonado subasta &
- Puja dentro de tiempos de la subasta &
- Precio ofertado sea mayor al actual &
- Postor de puja a realizar != Postor de la anterior puja aceptada

Postcondición: El postor realiza la puja y ésta queda registrada

Actor primario: Postor

Flujo principal
El Postor realiza una puja en alguna subasta y ésta queda registrada

Secuencia de pasos principal

Paso	Descripción
1	El Postor selecciona una subasta de su lista de subastas que ha entrado
2	El Postor selecciona la opción "realizar puja"
3	El sistema muestra al postor una pantalla para que ingrese el precio ofertado y la opción "enviar puja"
4	El usuario ingresa el precio ofertado y selecciona

	la opción "enviar puja"
5	El sistema verifica que se cumplan las precondiciones de este caso de uso, en caso de que se cumplan el sistema almacena la puja en una cola de pujas entrantes. La puja contiene: la subasta, postor, precio ofertado, fecha y hora, y estado que es "en espera". En caso de que no se cumpla alguna de las precondiciones se ejecuta flujo alterno 5.1
6	Fin de caso de uso

Secuencia de pasos secundaria

Paso	Descripción
5.1	Fallo al enviar puja, el sistema muestra el siguiente mensaje: "error: no se puede enviar puja ya que no se cumple alguna o varias de las precondiciones"
5.2	Volver a paso principal 1

Nombre del caso de uso: Abandonar subasta
Meta: El Postor abandona una o varias subastas
Precondición: El Postor debe estar dentro de alguna subasta
Postcondición: El Postor sale de la subasta y la abandona, el abandono queda registrado
Actor primario: Postor

Flujo principal
El postor abandona alguna subasta

Secuencia de pasos principal

Paso	Descripción
1	El Postor selecciona la opción "abandonar subasta"
2	El sistema verifica que el postor esté dentro de alguna subasta y si está, se ejecuta caso de uso "salir de la subasta"
3	El sistema actualiza de la lista de registro de subastas, la subasta en la que el postor ha abandonado
4	Fin de caso de uso

Especificación semántica de interfaces con OCL

En este apartado se presentan las especificaciones semánticas en OCL de las operaciones identificadas en las interfaces de los componentes relacionados a la aplicación de subastas en-línea.

context **ISubastadorMgr::iniciarSubasta(subasta :Subasta)**
pre:
subasta.idSubasta <> null and
subasta.nombre <> null and
subasta.artículo <> null and
subasta.fechaHoraInicio > 0 and
subasta.fechaHoraFin > 0 and
subasta.precioInicial >= 0 and
subasta.fechaHoraInicio < subasta.HoraFin
post:
subastas = subastas@pre->including(subasta)

context **ISubastadorMgr::adjudicarPuja(puja :Puja)**
inv:
--Las pujas almacenadas son pujas válidas de alguna subasta
puja.fechaHora >= Subasta.fechaHoraInicio and
puja.fechaHora <= Subasta.fechaHoraFin
pre:
puja.precio > pujas.precio->last() and
puja.estado = 'En espera' and
Subasta.fechaHoraFin >
IServiciosMgr::getSystemDateTime()
post:
notificaciones = notificaciones@pre->including(Notificacion)

context **ISubastadorMgr::aceptarPuja(puja :Puja)**
inv:
--Las pujas almacenadas son pujas válidas de alguna
subasta
puja.fechaHora >= Subasta.fechaHoraInicio and
puja.fechaHora <= Subasta.fechaHoraFin
pre:
puja.precio > pujas.precio->last()
post:
puja.estado = 'Aceptada'
notificaciones = notificaciones@pre->including(
Notificacion)

context **ISubastadorMgr::rechazarPuja(puja: Puja)**
inv:
--Las pujas almacenadas son pujas válidas de alguna
subasta
puja.fechaHora >= Subasta.fechaHoraInicio and
puja.fechaHora <= Subasta.fechaHoraFin
pre:
puja.precio > pujas.precio->last()
post:
puja.estado = 'Rechazada'
notificaciones = notificaciones@pre->including(
Notificacion)

context **IPostorMgr::realizarPuja(puja : Puja)**
pre:
puja.precio > pujas.precio->last() and
puja.fechaHora >= Subasta.fechaHoraInicio and
puja.fechaHora <= Subasta.fechaHoraFin and
Postor.idPostor <> pujas.Postor.idPostor->last() and
subastasActualesIngresadas->includes(Postor) and
not subastasAbandonadas->includes(Postor)
post:
pujas = pujas@pre->including(puja)

context **IPostorMgr::entrarSubasta(idPostor :String, idSubasta :String)**
pre:
idPostor <> null and
idSubasta <> null
post:
if not registroSubastas->exists(idSubasta = RegistroSubasta.idSubasta) then
  registroSubastas = registroSubastas@pre->including(Subasta)
  notificaciones = notificaciones@pre->including(Notificacion)
endif

context **IPostorMgr::salirSubasta(idPostor :String, idSubasta :String)**
pre:
idPostor <> null and
idSubasta <> null and
registroSubastas->includes(idPostor, idSubasta)
post:
registroSubasta.estado = 's'
notificaciones = notificaciones@pre->including(Notificacion)

context **IPostorMgr::abandonarSubasta(idPostor :String, idSubasta :String,)**
pre:
idPostor <> null and
idSubasta <> null and
registroSubastas->includes(idPostor, idSubasta)
post:
registroSubasta.estado = 'a'